DEN ULTIMATA INFUSERADE KEFIR RECEPT BOKEN

100 hälsosamma, läkande och levande smaksatta kefirdrycker

Emil Ali

INNEHÅLLSFÖRTECKNING

GRÖNSAKERSKEFIR 106

BLOMMA KEFIR 135

ÖRTKEFIR 148

INTRODUKTION

Kefir är en probiotisk dryck med läkande egenskaper som bromsar vår åldrandeprocess. Den är gjord med kefirkorn, som har sitt ursprung i Mexiko. Dessa spannmål är inte spannmål utan är en moderkultur som smälter socker i en jäsningsprocess, vilket resulterar i en kolsyrad dryck som liknar champagne.

Även om vissa sorter av kefir kräver mejeri, är råvattenkefir också tillgänglig. Till skillnad från mejeriyoghurt innehåller kefir ett trettiotal stammar av bakterier och jäst. Kulturen kommer i små genomskinliga bollar som kallas "korn", som består av en polysackarid som kallas kefiran, organiska syror, jäst och bakterier. Helst vill du använda levande spannmål, inte spannmål som har torkats eller frysts. Försök att undvika pulverstarter; bakterierna är inte lika aktiva och kommer bara att göra åtta partier om du har tur innan du måste köpa mer startpulver. Du behöver bara köpa levande spannmål en gång, och de kommer att växa och expandera i det oändliga när de tas om hand på rätt sätt.

BASRECEPT

INGREDIENSER:
- 2 kokosnötter
- 1 till 2 matskedar vattenkefirkorn

INSTRUKTIONER:
a) Öppna dina kokosnötter och häll kokosvattnet genom en plastsil i en stor måttkopp eller skål. Överför sedan vattnet till en stor burk av glasburk eller murare. Att använda en tratt kommer att göra det lättare. Fyll din glasburk endast tre fjärdedelar till fyra femtedelar full. OBS: Se till att vattnet är klart; om vattnet är rosa är det härsken.

b) Lägg sedan till dina kefirkorn i burken med kokosvattnet. Stäng locket och placera burken någonstans som är 70° till 74°F. I kallare klimat kan du placera din burk i din ugn, med endast ugnslampan på.

c) Ju längre ditt vatten jäser, desto mindre sött och surt och vinaktigt kommer det att smaka. Vattnet blir mjölkaktigt till färgen. Bryggtiden bör inte överstiga 48 timmar. Det finns ingen minsta bryggtid; ju kortare tid, desto mer socker och sötare din brygd. Helst vill du brygga kokosvattnet någonstans mellan 24 och 48 timmar. Du kan smaka på ditt vatten var 24:e timme för att kontrollera om det är något kolsyrat, som champagne, och för att uppnå den sockernivå och smak du önskar.

d) När din bryggning är klar, häll den i en icke-metallskål och fånga upp kornen i en plastsikt.

e) Häll det silade kefirvattnet i en annan glasburk och njut genast. Förvara i kylen.

f) Håller den i flera veckor i kylen.

2. Vatten Kefir

INGREDIENSER:

- 2 koppar filtrerat vatten
- ⅓ kopp ekologiskt turbinadosocker
- 1 msk russin
- ¼ kopp citronskivor, med skalet på
- 1 till 2 matskedar vattenkefirkorn

INSTRUKTIONER:

a) Häll vattnet i en glasburk med lock. Fyll inte till toppen, och se till att lämna ett par centimeter luft. Lös upp sockret i vattnet genom att röra eller skaka med locket på. Tillsätt russinen och citronskivorna och kefirkornen. Stäng locket.

b) Placera burken i ett mörkt skåp i 24 till 48 timmar, för att brygga och jäsa. Du kan röra om brygden en gång om dagen, eller bara låta den vara ifred i 2 dagar. När du är klar, använd en plastsked eller sil för att ta bort citronen och russinen från toppen. Rör sedan om lite och häll vattnet genom en plastsikt för att fånga upp alla dina vattenkefirkorn.

c) Häll vattnet i en glasbehållare, och antingen placera den i kylen och njut omedelbart; eller låt den stå i rumstemperatur ytterligare en dag eller två för sekundärjäsning, ställ sedan burken i kylen för att njuta.

d) Håller den i en månad eller mer i kylen.

e) Använd kefirvattenkornen för att starta en ny sats omedelbart.

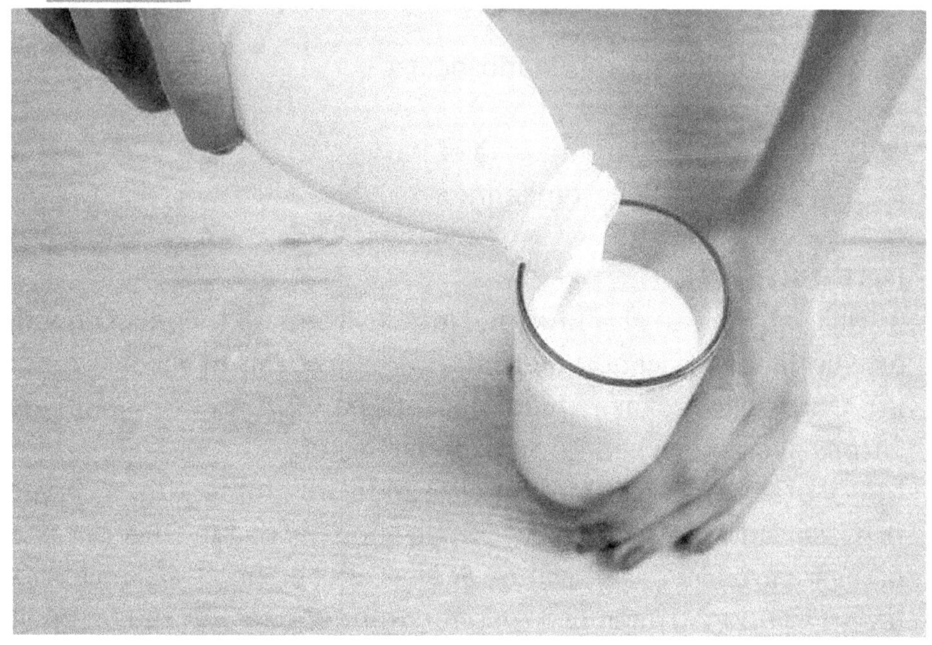

INGREDIENSER:

- 1 msk kefirkorn
- 4 koppar hel komjölk

INSTRUKTIONER:

a) Tillsätt kefirkornen och 4 koppar helmjölk i en stor glaskanna.

b) Täck kannan med antingen några lager hushållspapper eller några papperskaffefilter. Säkra med ett gummiband för att förhindra att insekter eller damm tränger in.

c) Ställ på en varm, mörk plats i cirka 24 timmar.

d) Placera en bred skål utan metall under ett finmaskigt durkslag av icke-metall. Häll din färdiga kefir i durkslaget, rör om med en plast- eller träslev för att försiktigt tvinga igenom kefiren. Kornen kommer att finnas kvar.

e) Skölj ur den stora burken som du jäste kornen i och lägg sedan tillbaka kornen i den. Tillsätt 4 koppar färsk mjölk för att starta processen.

f) Överför den färdiga kefiren som samlas i den breda skålen och överför den till en förslutningsbar burk. Förvaras i kylen i cirka 2 veckor.

4. Vanilj Mjölk Kefir

INGREDIENSER:

- 2 dl mjölkkefir
- 1 tsk vaniljextrakt

INSTRUKTIONER:

a) Rör ner vaniljen i mjölkkefiren.

b) Njut av.

FRUKTIG KEFIR

INGREDIENSER:

- 2 koppar kokosvatten
- 6 matskedar vattenkefirkorn
- 5 färska skalade eller konserverade litchis
- Färska granatäpplekärnor

INSTRUKTIONER:

a) Tillsätt 2 koppar kokosvatten i en 2L glasburk.

b) Tillsätt 2 matskedar vattenkefirkorn.

c) Täck din burk med ett kaffefilter eller en trasa fäst med resår.

d) Låt sitta i 48 timmar, kokosvattenkefiren blir lite kolsyrad med en lite syrlig smak.

e) Efter 2 dagars jäsning, tillsätt dina 3 färska skalade eller konserverade litchis och jäs i ytterligare 12-24 timmar

f) Filtrera ditt kokosvatten i en skål för att ta bort kefirpärlorna. Ta bort litchisarna. Förvara dina kefirpärlor i kylen i en lufttät burk med filtrerat vatten och lite socker.

g) Överför din litchi kokosvattenkefir till en lufttät flaska och förvara den i kylen. Det kommer att hålla några veckor.

h) Servera kyld med granatäpplekärnor och litchi.

INGREDIENSER:
- 2 dl mjölkkefir
- 2 till 4 matskedar citrusjuice

INSTRUKTIONER:
a) Blanda ner citrussaften i mjölkkefiren och servera.

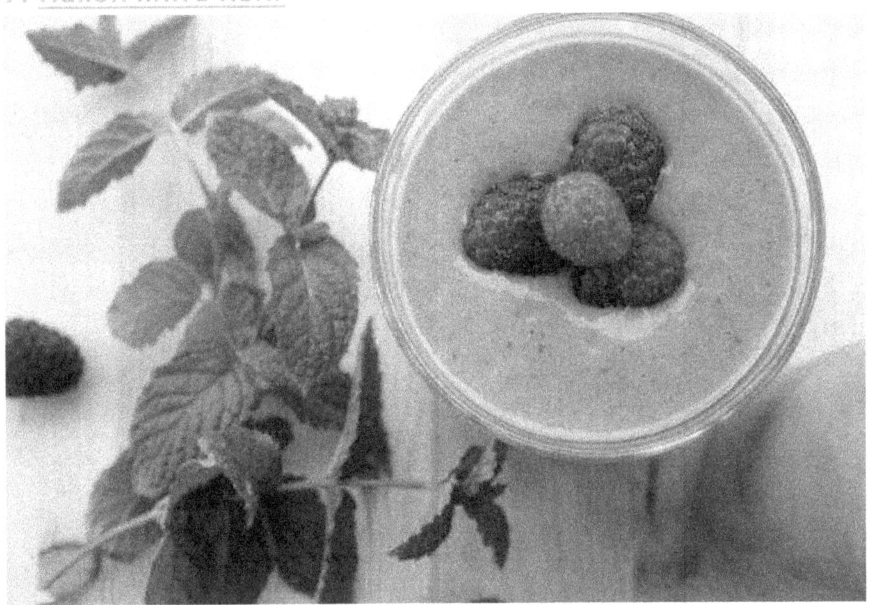

INGREDIENSER:

- 2 dl mjölkkefir
- 2 msk malda linfrö
- ½ kopp hallon
- Ekologiskt rörsocker

INSTRUKTIONER:

a) Blanda ingredienserna i en mixer och mixa dem.

b) Tillsätt sötningsmedel om du vill. Tjäna.

INGREDIENSER:

- 1 dl mjölkkefir
- ½ dl kokosgrädde
- ½ kopp ananasjuice

INSTRUKTIONER:

a) Lägg mjölkkefir, kokosgrädde och ananasjuice i mixern.
b) Blanda dem.
c) Tjäna.

INGREDIENSER:

- 1 kopp mjölkkefir
- 6 till 8 jordgubbar
- 1 banan
- 5 isbitar

INSTRUKTIONER:

a) Tillsätt ingredienserna som nämns ovan i en mixer och mixa dem.
b) Tjäna.

INGREDIENSER:

- 1 kopp mjölkkefir
- 2 msk limejuice
- 5 jordgubbar
- Ekologiskt rörsocker
- 5 isbitar

INSTRUKTIONER:

a) Tillsätt alla ingredienser som nämns ovan i en mixer och mixa allt.
b) Tillsätt socker.

INGREDIENSER:
- 1 kopp mjölkkefir
- 2 koppar kärnfri vattenmelon, hackad
- 10 isbitar

INSTRUKTIONER:
a) Tillsätt ingredienserna som nämns ovan i en mixer och mixa allt.
b) Tjäna.

INGREDIENSER:

- ½ kopp färska eller tinade frysta hallon
- ⅔ kopp färskpressad citronsaft
- ½ kopp agavesirap
- 3 koppar kefir

INSTRUKTIONER:

a) Lägg alla ingredienser i en snabbmixer och mixa tills det är slätt.
b) Sila genom en plastsil till en kanna. Servera över is.
c) Håller den i 2 dagar i kylen.

INGREDIENSER:
- 1 kopp färska jordgubbar
- 4 dl kokosnötkefir, kyld

INSTRUKTIONER:
a) Fördela jordgubbarna och kefiren mellan fyra glas.
b) Använd en gaffel för att mosa och röra jordgubbarna i kefiren innan servering.

INGREDIENSER:

- 1 liter vattenkefir
- ½ kopp blåbär-granatäpplejuice

INSTRUKTIONER:

a) Gör vattenkefir och ta bort kefirkornen.

b) Tillsätt ½ kopp blåbärs-granatäpplejuice per liter vattenkefir.

c) Servera kall.

INGREDIENSER:

- Kefirkorn
- 1-2 liter ekologisk hallonjuice

INSTRUKTIONER:

a) Tillsätt kefirkorn till 1-2 liter organisk hallonjuice.
b) Kultur 24-48 timmar.

INGREDIENSER:

- Kefirkorn
- 1-2 liter ekologisk druvjuice

INSTRUKTIONER:

a) Tillsätt kefirkorn till 1-2 liter ekologisk druv- eller äppeljuice.
b) Kultur i 24-48 timmar.

INGREDIENSER:

- Kefirkorn
- strimlor av ekologiskt apelsinskal
- 1-2 liter sockervatten

INSTRUKTIONER:

a) Tillsätt kefirkornen och flera remsor av ekologiskt apelsinskal till en standardsats sockervatten.

b) Kultur 24-48 timmar.

c) Ta bort och släng apelsinskalet.

d) Ta bort kefirkornen och servera den färdiga vattenkefiren kall.

INGREDIENSER:

- 4 koppar första jäsningen
- ¼ kopp körsbärsjuice
- ½ tsk vanilj

INSTRUKTIONER:

a) Gör den första jäsningen och låt burken stå på en varm plats i 24-48 timmar.

b) Sila av kornen och tillsätt ingredienserna till den snurrbara flaskan med den första jästa vattenkefiren.

c) Förslut den svängbara flaskan och låt den stå på en varm plats i 24 timmar för den andra jäsningen.

d) Öppna långsamt, sila och njut!

INGREDIENSER:

- 1 liter vattenkefir
- 1 msk torkade fläder

INSTRUKTIONER:

a) Efter den första jäsningen, häll kefir i en ren burk och tillsätt fläder.

b) Täck med ett lufttätt lock och ställ på en mörk plats för att jäsa igen i minst 24 timmar.

c) Kyla.

INGREDIENSER:

1 kopp kefir
1/2 dl blåbär
Skal av 1 citron
1 tsk lönnsirap (valfritt)
INSTRUKTIONER:

I en mixer, kombinera kefir, blåbär, citronskal och lönnsirap (om så önskas).

Mixa tills det är väl blandat.

Häll upp i ett glas och servera kyld.

INGREDIENSER:

1 kopp kefir
1/2 kopp färsk mango, tärnad
1/2 kopp färsk ananas, tärnad
INSTRUKTIONER:

I en mixer, kombinera kefir, mango och ananas.

Mixa tills det är slätt och krämigt.

Häll upp i ett glas och servera kyld.

INGREDIENSER:

1 kopp kefir
1/2 kopp hallon
Saft av 1 lime
1 tsk agavesirap (valfritt)
INSTRUKTIONER:

I en mixer, kombinera kefir, hallon, limejuice och agavesirap (om så önskas).

Mixa tills det är väl blandat.

Häll upp i ett glas och servera kyld.

INGREDIENSER:

1 kopp kefir
1/2 kopp färsk vattenmelon, i tärningar
1 msk färska myntablad, hackade
INSTRUKTIONER:

Blanda kefir, vattenmelon och myntablad i en mixer.

Mixa tills det är slätt och krämigt.

Häll upp i ett glas och servera kyld.

INGREDIENSER:

1 kopp kefir
1/2 kopp färska persikor, skivade
1 tsk riven ingefära
1 tsk honung (valfritt)
INSTRUKTIONER:

I en mixer, kombinera kefir, persikor, ingefära och honung (om så önskas).

Mixa tills det är väl blandat.

Häll upp i ett glas och servera kyld.

INGREDIENSER:

1 kopp kefir
1/2 kopp körsbär, urkärnade
1/2 tsk vaniljextrakt
INSTRUKTIONER:

Blanda kefir, körsbär och vaniljextrakt i en mixer.

Mixa tills det är slätt och krämigt.

Häll upp i ett glas och servera kyld.

INGREDIENSER:

1 kopp kefir
1 kiwi, skalad och skivad
1/2 kopp jordgubbar, skivade
1 tsk honung (valfritt)
INSTRUKTIONER:

I en mixer, kombinera kefir, kiwi, jordgubbar och honung (om så önskas).

Mixa tills det är väl blandat.

Häll upp i ett glas och servera kyld.

INGREDIENSER:

1 kopp kefir
1/2 kopp äpple, tärnat
1/2 tsk mald kanel
1 tsk lönnsirap (valfritt)

INSTRUKTIONER:

I en mixer, kombinera kefir, äpple, kanel och lönnsirap (om så önskas).

Mixa tills det är slätt och krämigt.

Häll upp i ett glas och servera kyld.

INGREDIENSER:

1 kopp kefir
1/2 kopp björnbär
2 msk kokosflingor
1 tsk agavesirap (valfritt)
INSTRUKTIONER:

I en mixer, kombinera kefir, björnbär, kokosflingor och agavesirap (om så önskas).
Mixa tills det är väl blandat.
Häll upp i ett glas och servera kyld.

KRYDIG KEFIR

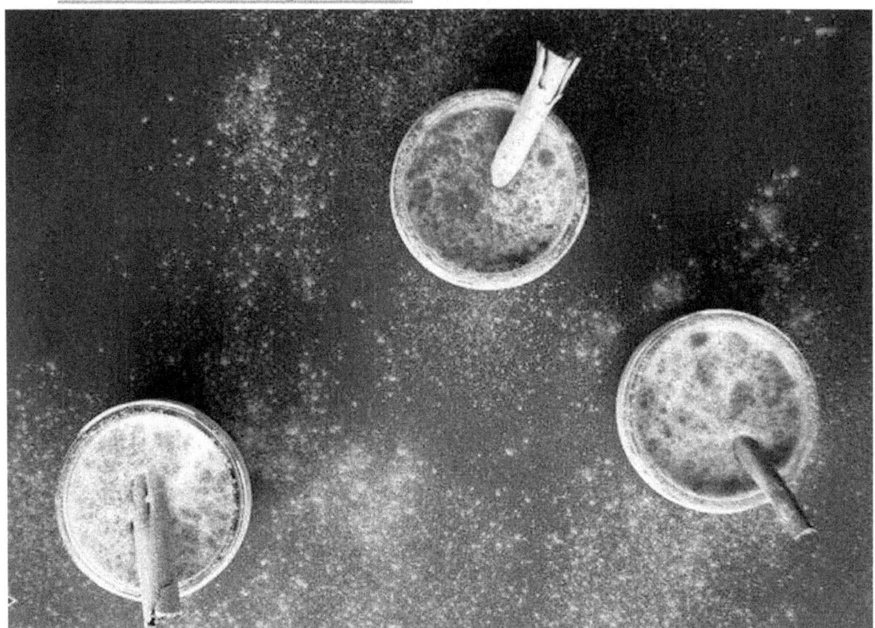

INGREDIENSER:

- 4 koppar mjölkkefir
- 5 matskedar kakaopulver
- 2 kryddnejlika
- 2 msk mald kanel
- ¼ matsked muskotnöt
- Ekologiskt rörsocker eller stevia

INSTRUKTIONER:

a) Gör traditionell mjölkkefir, låt kefiren jäsa i rumstemperatur i 24 timmar.

b) Sila ur kefirkornen och flytta dem till färsk mjölk.

c) Tillsätt kakaopulver, kryddnejlika, kanel och muskotnöt och rör ner dem i kefiren.

d) Lägg ett lock på kefiren och låt den jäsa i ytterligare 12 till 24 timmar.

e) Tillsätt sötningsmedel.

INGREDIENSER:

- 4 koppar traditionell kefir
- 2 ägg
- 2 till 3 matskedar ekologiskt rörsocker
- ½ tsk kanel
- ½ tesked muskotnöt

INSTRUKTIONER:

a) Blanda kefir, ägg, socker, kanel och muskotnöt i en mixer och mixa tills det är slätt.

b) Strö lite muskotnöt blandat med kanel ovanpå varje kopp när du häller upp den.

31. Plommonkanel Kefir

INGREDIENSER:
- ½ kopp tärnade plommon
- 1 kanelstång
- 4 dl första jäsa vattenkefir

INSTRUKTIONER:
a) Gör den första jäsningen och låt burken stå på en varm plats i 24-48 timmar.
b) Tillsätt tärnade plommon i en svängbar burk och tillsätt sedan kanel.
c) Sila korn och tillsätt den första jäsningen i flaskan med kanel och plommon.
d) Förslut flaskan med svängbar topp och låt den stå på en varm plats i 24 timmar för den andra jäsningen.
e) Kyl tills väl kylt.

INGREDIENSER:

- ¼ varje äpple- och tranbärsjuice
- ⅛ tesked mald kryddnejlika
- ⅛ tesked kanel
- 4 koppar av den första jäsningen

INSTRUKTIONER:

a) Gör den första jäsningen och låt burken stå på en varm plats i 24-48 timmar.

b) Sila av kornen och häll den första jäsningen i den snurrbara flaskan.

c) Tillsätt tranbärs- och äppeljuice och kryddor.

d) Förslut flaskan och vänd den försiktigt upp och ner 2 eller 3 gånger för att säkerställa att ingredienserna är väl blandade.

e) Låt flaskan stå på en varm plats i 24 timmar för den andra jäsningen.

f) Kyl tills väl kylt.

INGREDIENSER:

- 4 koppar första jäsningen
- ¼ kopp citronsaft
- 5-10 kuber kanderad eller färsk ingefära
- Nypa cayennepeppar
- Kvist färsk citronmeliss eller mynta

INSTRUKTIONER:

a) Gör den första jäsningen och låt burken stå på en varm plats i 24-48 timmar.

b) Sila av kornen och häll vattenkefiren i den snurrbara flaskan. Tillsätt smaksättningsingredienserna.

c) Förslut den vridbara flaskan och låt den stå på en varm plats i 24 timmar för den andra jäsningen.

d) Öppna långsamt, sila och njut!

INGREDIENSER:

- 4 dl första jäsa vattenkefir
- ¼ kopp pumpapuré
- ½ tsk rent vaniljextrakt
- ½ tsk kryddpeppar
- ¼ tesked kanel
- ¼ tesked muskotnöt
- ¼ tesked kryddnejlika

INSTRUKTIONER:

a) Gör den första jäsningen och låt burken stå på en varm plats i 48 timmar.

b) Blanda pumpapuré, vanilj och kryddor i en skål och tillsätt ½ kopp av den första jäsningen till blandningen.

c) Häll blandningen i snurrbar toppflaska, tillsätt mer första jäsning för att göra hällningen lättare.

d) Sila av kornen och häll den återstående första jäsningen i flaskan.

e) Förslut flaskan och låt den stå på en varm plats i 24 timmar för den andra jäsningen.

INGREDIENSER:

- 2 koppar traditionell mjölkkefir
- Ekologisk lönnsirap

INSTRUKTIONER:

a) Rör ner lönnsirapen i mjölkkefiren.

b) Smaka av och tillsätt mer sirap om det inte är tillräckligt sött.

INGREDIENSER:
- 750 ml mjölkkefir
- 3 rågade matskedar svart sesam
- 1 matsked kokossocker
- ½ tesked vanilj

INSTRUKTIONER:
a) Häll alla ingredienser i din shaker eller mixer.
b) Tillsätt is om du vill ha den ganska kall och frusen.
c) Blanda kraftigt och se till att tahinin blandas genomgående.
d) Smaka av för att kontrollera sötma eller smak och justera vid behov.
e) Häll upp i din isiga stångform eller glas för servering.

INGREDIENSER:

- 1½ koppar vanlig kefir
- 2 tsk rå honung
- 2 msk riven färsk ingefära
- ½ tsk kanel + mer till garnering
- Is, efter behov

INSTRUKTIONER:

a) Kombinera alla ingredienser i kannan på en kraftfull mixer.

b) Mixa på hög tills den är slät, tillsätt mer kefir och is efter behov för att uppnå önskad konsistens.

c) Pudra med kanel före servering.

INGREDIENSER:
- 1 kopp kefir
- 1 tsk mald gurkmeja
- 1 tsk riven färsk ingefära
- ½ tsk mald kanel
- 2 tsk honung

INSTRUKTIONER:
a) Blanda och njut.

INGREDIENSER:

1 kopp kefir
1/2 tsk mald gurkmeja
1/4 tsk mald kardemumma
1 tsk honung (valfritt)
INSTRUKTIONER:

I ett glas, kombinera kefir, gurkmeja, kardemumma och honung (om så önskas).

Rör om väl tills kryddorna är helt införlivade i kefiren.

Servera kyld.

40. Kanel-vanilj kefir

INGREDIENSER:

1 kopp kefir
1/2 tsk mald kanel
1/2 tsk vaniljextrakt
1 tsk lönnsirap (valfritt)
INSTRUKTIONER:

I ett glas, kombinera kefir, kanel, vaniljextrakt och lönnsirap (om så önskas).

Rör om väl så att kryddorna fördelas jämnt.

Servera kyld.

41. Pepparkakor Kefir

INGREDIENSER:

1 kopp kefir
1/2 tsk mald ingefära
1/4 tsk mald kanel
1/4 tsk mald muskotnöt
1/4 tsk mald kryddnejlika
1 tsk melass (valfritt)
INSTRUKTIONER:

I ett glas, kombinera kefir, ingefära, kanel, muskotnöt, kryddnejlika och melass (om så önskas).

Rör kraftigt tills kryddorna är helt blandade i kefiren.

Servera kyld.

INGREDIENSER:

1 kopp kefir
1/2 tsk mald kanel
1/4 tsk mald kardemumma
1/4 tsk mald ingefära
1/8 tsk mald kryddnejlika
1/8 tsk mald muskotnöt
1 tsk honung (valfritt)
INSTRUKTIONER:

I ett glas, kombinera kefir, kanel, kardemumma, ingefära, nejlika, muskotnöt och honung (om så önskas).

Rör om väl för att säkerställa att kryddorna är väl införlivade i kefiren.

Servera kyld.

INGREDIENSER:

1 kopp kefir
2 msk pumpapuré
1/2 tsk mald kanel
1/4 tsk mald ingefära
1/8 tsk mald muskotnöt
1/8 tsk mald kryddnejlika
1 tsk lönnsirap (valfritt)
INSTRUKTIONER:

I ett glas, kombinera kefir, pumpapuré, kanel, ingefära, muskotnöt, nejlika och lönnsirap (om så önskas).

Rör om kraftigt tills ingredienserna är ordentligt blandade.

Servera kyld.

INGREDIENSER:

1 kopp kefir
1/2 tsk vaniljextrakt
1/4 tsk mald kardemumma
1 tsk honung (valfritt)
INSTRUKTIONER:

I ett glas, kombinera kefir, vaniljextrakt, kardemumma och honung
(om så önskas).

Rör om väl så att kryddorna fördelas jämnt.

Servera kyld.

INGREDIENSER:

1 kopp kefir
1/2 tsk mald muskotnöt
1/4 tsk mald kryddnejlika
1 tsk honung (valfritt)
INSTRUKTIONER:

I ett glas, kombinera kefir, muskot, kryddnejlika och honung (om så önskas).

Rör om väl så att kryddorna kommer in.

Servera kyld.

INGREDIENSER:

1 kopp kefir
1/4 tsk mald kanel
1/4 tsk mald kryddnejlika
1/4 tsk malda fänkålsfrön
1/4 tsk malen stjärnanis
1/4 tsk malda Szechuan-pepparkorn
1 tsk honung (valfritt)
INSTRUKTIONER:

I ett glas, kombinera kefir, kanel, kryddnejlika, fänkålsfrön, stjärnanis, Szechuan-pepparkorn och honung (om så önskas).

Rör om väl tills alla kryddor är ordentligt blandade.

Servera kyld.

INGREDIENSER:

1 kopp kefir
1/4 kopp äppeljuice
1/4 tsk mald kanel
1/4 tsk mald ingefära
1/4 tsk mald muskotnöt
1 tsk honung (valfritt)
INSTRUKTIONER:

I ett glas, kombinera kefir, äppeljuice, kanel, ingefära, muskotnöt och honung (om så önskas).

Rör om väl för att få med alla smaker.

Servera kyld.

INGREDIENSER:
- 1 kopp kefir
- 1/2 tsk kakaopulver
- 1/4 tsk pepparmyntsextrakt
- 1 tsk honung (valfritt)

INSTRUKTIONER:
I ett glas, kombinera kefir, kakaopulver, pepparmyntsextrakt och honung (om så önskas).
Rör om väl tills kakaopulvret är helt blandat i kefiren.
Servera kyld.

GRÖNSAKERSKEFIR

INGREDIENSER:

- 2 dl mjölkkefir
- ½ kopp morotsjuice
- ½ kopp strimlade morötter
- 1 tsk vaniljextrakt
- Sötningsmedel
- Jäsningskärl

INSTRUKTIONER:

a) Gör traditionell mjölkkefir. Den första jäsningen bör pågå i 12 till 24 timmar. Sila ur kefirkornen innan du lägger till någon av de andra ingredienserna i jäskärlet.

b) Placera mjölkkefiren i jäskärlet och tillsätt morötter, morotsjuice och vanilj i behållaren.

c) Lägg locket eller locket på behållaren och låt den jäsa i ytterligare 12 timmar.

d) Precis innan servering, lägg kefiren i mixern och mixa allt. Tillsätt sötningsmedel.

INGREDIENSER:

- 4 koppar första jäsningen
- 1 dl finhackade rabarberstjälkar
- 1 msk färsk rosmarin

INSTRUKTIONER:

a) Gör den första jäsningen och låt burken stå på en varm plats i 24-48 timmar.

b) Sila av kornen och tillsätt alla ingredienser i den snurrbara flaskan med den första jäsa vattenkefiren.

c) Förslut den svängbara flaskan och låt den stå på en varm plats i 24 timmar för den andra jäsningen.

d) Öppna långsamt, sila och njut!

INGREDIENSER:

- 1 ¼ dl pumpapuré
- 2 koppar vanlig kefir
- ¼ kopp hampafrön eller linfrön
- 2 tsk kanel
- ½ tesked muskotnöt
- 2 koppar is
- 2 msk lönnsirap

INSTRUKTIONER:

a) Tvätta din sötpotatis och stick hål i den med en gaffel. Slå in den i plastfolie och mikrovågsugn den i 6-7 minuter tills den är genomångad och mjuk vid beröring.

b) Medan sötpotatisen ångar, tillsätt alla dina andra ingredienser i din mixer. Ta bort sötpotatisen från mikrovågsugnen, packa upp den och låt den sitta i några minuter så att den inte smälter isen i din mixer direkt.

c) När potatisen har svalnat lite, tillsätt den i din mixer och mixa i 60 sekunder tills din krämiga sötpotatiskefir är redo att gå!

INGREDIENSER:

- 4 koppar första jäsningen
- ⅛ kopp vattenmelonbitar
- ⅛ kopp finhackad gurka
- 1 msk färsk hackad koriander

INSTRUKTIONER:

a) Gör den första jäsningen och låt burken stå på en varm plats i 24-48 timmar.

b) Sila av kornen och tillsätt ingredienserna till den snurrbara flaskan med den första jästa vattenkefiren.

c) Förslut den svängbara flaskan och låt den stå på en varm plats i 24 timmar för den andra jäsningen.

d) Öppna långsamt, sila och njut!

INGREDIENSER:

1 kopp kefir
1/2 gurka, skalad och tärnad
1 msk färska myntablad, hackade
Salta och peppra efter smak
INSTRUKTIONER:

I en mixer, kombinera kefir, gurka, myntablad, salt och peppar.

Mixa tills det är slätt och krämigt.

Häll upp i ett glas och servera kyld.

INGREDIENSER:

1 kopp kefir
1/2 dl morot, riven
1 tsk riven ingefära
Saften av 1/2 citron
Salt att smaka
INSTRUKTIONER:

I en mixer, kombinera kefir, riven morot, ingefära, citronsaft och salt.

Mixa tills det är väl blandat.

Häll upp i ett glas och servera kyld.

INGREDIENSER:

1 kopp kefir
1/2 kopp färska spenatblad
1/4 kopp färska basilikablad
Saften av 1/2 citron
Salta och peppra efter smak
INSTRUKTIONER:

I en mixer, kombinera kefir, spenatblad, basilikablad, citronsaft, salt och peppar.

Mixa tills det är slätt och krämigt.

Häll upp i ett glas och servera kyld.

INGREDIENSER:

1 kopp kefir
1/2 dl kokta rödbetor, tärnade
1/2 äpple, tärnat
1 tsk honung (valfritt)
En nypa kanel

INSTRUKTIONER:

I en mixer, kombinera kefir, kokta rödbetor, äpple, honung (om så önskas) och kanel.

Mixa tills det är väl blandat.

Häll upp i ett glas och servera kyld.

INGREDIENSER:

1 kopp kefir
1/2 kopp färska tomater, tärnade
1/4 kopp färska basilikablad
1 vitlöksklyfta, finhackad
Salta och peppra efter smak
INSTRUKTIONER:

I en mixer, kombinera kefir, tomater, basilikablad, hackad vitlök, salt och peppar.

Mixa tills det är slätt och krämigt.

Häll upp i ett glas och servera kyld.

INGREDIENSER:

1 kopp kefir
1/2 dl grönkålsblad, stjälkarna borttagna
1/2 kopp färsk ananas, tärnad
1 tsk honung (valfritt)
INSTRUKTIONER:

I en mixer, kombinera kefir, grönkålsblad, ananas och honung (om så önskas).

Mixa tills det är väl blandat.

Häll upp i ett glas och servera kyld.

INGREDIENSER:

1 kopp kefir
1/2 kopp paprika (röd, gul eller orange), tärnad
2 msk färska korianderblad
1/2 jalapeñopeppar, frön borttagna (valfritt)
Salta och peppra efter smak
INSTRUKTIONER:

I en mixer, kombinera kefir, paprika, korianderblad, jalapeñopeppar (om så önskas), salt och peppar.

Mixa tills det är slätt och krämigt.

Häll upp i ett glas och servera kyld.

INGREDIENSER:

1 kopp kefir
1/2 kopp zucchini, tärnad
1/4 kopp färska basilikablad
Saften av 1/2 citron
Salta och peppra efter smak
INSTRUKTIONER:

I en mixer, kombinera kefir, zucchini, basilikablad, citronsaft, salt
och peppar.

Mixa tills det är väl blandat.

Häll upp i ett glas och servera kyld.

INGREDIENSER:

1 kopp kefir
1/2 kopp kokt sötpotatis, mosad
1/2 tsk mald kanel
1 tsk honung (valfritt)
INSTRUKTIONER:

I en mixer, kombinera kefir, kokt sötpotatis, kanel och honung (om
så önskas).

Mixa tills det är slätt och krämigt.

Häll upp i ett glas och servera kyld.

62. Broccoli-grönt äpple Kefir

INGREDIENSER:

1 kopp kefir
1/2 kopp ångad broccolibuketter
1/2 grönt äpple, tärnat
Saften av 1/2 citron
Salta och peppra efter smak
INSTRUKTIONER:

I en mixer, kombinera kefir, ångade broccolibuktor, grönt äpple, citronsaft, salt och peppar.
Mixa tills det är väl blandat.
Häll upp i ett glas och servera kyld.

BLOMMA KEFIR

63. Söt lavendelmjölk Kefir

INGREDIENSER:

- 4 koppar mjölkkefir
- 2 matskedar torkade lavendelblomhuvuden
- Ekologiskt rörsocker eller stevia

INSTRUKTIONER:

a) Gör traditionell mjölkkefir, låt kefiren jäsa i rumstemperatur i 24 timmar.

b) Sila ur kefirkornen och flytta dem till färsk mjölk.

c) Rör ner lavendelblomhuvudena i mjölkkefiren. Tillsätt inte blomhuvudena medan kefirkornen fortfarande är i kefiren.

d) Lägg locket på kefiren och låt den stå i rumstemperatur över natten. Den andra jäsningen bör pågå i 12 till 24 timmar.

e) Sila av kefiren för att bli av med blomhuvudena.

f) Tillsätt rörsocker eller stevia. Rör ner sötningsmedlet i kefiren.

INGREDIENSER:
- 4 dl första jäsa vattenkefir
- ½ kopp enkel syrensirap
- 1 msk citronsaft
- ¼ kopp persikobitar färska eller frysta

FÖR DEN ENKLA SIRAPEN:
- 2 dl färska lilabuketter
- 2 msk rörsocker
- ½ kopp vatten

INSTRUKTIONER:
a) Gör den första jäsningen och låt burken stå på en varm plats i 24-48 timmar

b) För den enkla sirapen: Ta bort syrenbuketter från grenen och skölj i kallt vatten i ett durkslag eller salladssnurra. I en kastrull, lös upp 2 matskedar rörsocker i ½ kopp vatten på medelvärme. När sockret har lösts upp och vätskan börjar sjuda, ta bort från värmen.

c) Se till att vätskan har slutat sjuda och tillsätt syrenblad i sockervattnet. Rör om för att säkerställa att kronbladen är nedsänkta i vätskan, lägg på locket och låt svalna i 1-2 timmar.

d) Sila den enkla lila sirapen i din 750mL flaska med vridbar topp i den vridbara flaskan. Tillsätt citronsaft och persikor och toppa med den första jäsningen.

e) Förslut den svängbara flaskan och låt den stå på en varm plats i 24 timmar för den andra jäsningen.

f) Öppna långsamt, sila och njut!

INGREDIENSER:
- 4 koppar av den första jäsningen
- 10 färska eller frysta blåbär, gärna ekologiska
- ¼ kopp citronsaft
- ¼ tesked kulinarisk lavendel

INSTRUKTIONER:
a) Gör den första jäsningen och låt burken stå på en varm plats i 24-48 timmar.

b) Tillsätt citronsaft och kulinarisk lavendel i en ren flaska med vridbar topp.

c) Tillsätt blåbär i flaskan ett i taget, pressa ner bären något så saften rinner.

d) Sila korn och tillsätt den första jäsningen i flaskan med citronsaft, lavendel och blåbär.

e) Förslut den svängbara flaskan och låt den stå på en varm plats i 24 timmar för den andra jäsningen.

f) Kyl tills väl kylt.

g) Öppna långsamt, sila och njut!

INGREDIENSER:

- 2 tsk ärtblomma tepulver
- 8 bitar kanderad ingefära
- 3 kvistar färsk pepparmynta, blåslagen
- 1 tsk torkade kamomillblommor

INSTRUKTIONER:

a) Gör den första jäsningen och låt burken stå på en varm plats i 24-48 timmar.

b) Sila av kornen och tillsätt ingredienserna till den gröna flaskan med svängbar topp med den första jästa vattenkefiren.

c) Förslut den svängbara flaskan och låt den stå på en varm plats i 24 timmar för den andra jäsningen.

d) Öppna långsamt, sila och njut!

INGREDIENSER:

- 4 koppar första jäsningen
- 20 torkade hibiskusblad
- 4 skivor färsk ingefära

INSTRUKTIONER:

a) Gör den första jäsningen och låt burken stå på en varm plats i 24-48 timmar.

b) Hacka ingefäran och lägg den i din vridbara flaska tillsammans med hibiskusen.

c) Tillsätt först jäst vattenkefir.

d) Förslut den svängbara flaskan och låt den stå på en varm plats i 24 timmar för den andra jäsningen.

e) Öppna långsamt, sila och njut!

INGREDIENSER:

1 kopp kefir

1/2 kopp färska blåbär

1 tsk torkade lavendelknoppar

1 tsk honung (valfritt)

INSTRUKTIONER:

I en mixer, kombinera kefir, blåbär, torkade lavendelknoppar och honung (om så önskas).

Mixa tills det är slätt och väl kombinerat.

Häll upp blandningen i ett glas och servera kyld.

ÖRTKEFIR

INGREDIENSER:

- 1 del vattenkefir
- 1 del nässelbladsinfusion

INSTRUKTIONER:

a) Gör vattenkefir och ta bort kefirkornen.

b) Blanda 1 del färdig vattenkefir med 1 del örtinfusion.

INGREDIENSER:

- 4 dl första jäsa vattenkefir
- ¼ kopp lösbladsmintete
- ½ kopp kokt vatten

INSTRUKTIONER:

a) Gör den första jäsningen och låt burken stå på en varm plats i 24-48 timmar

b) Blanda teet i ½ kopp kokt vatten och låt svalna till rumstemperatur

c) Sila korn och tillsätt först jäsa vattenkefir

d) Sila teet från kylt vatten och häll upp i en flaska med vridbar topp

e) Häll sedan i första jäsa vatten kefir

f) Förslut den svängbara flaskan och låt den stå på en varm plats i 24 timmar för den andra jäsningen.

g) Kyl tills väl kylt.

h) Öppna långsamt, sila och njut!

INGREDIENSER:

- 4 koppar första jäsningen
- 1 lime färskpressad
- 4 bitar torkad ingefära
- 1 msk färsk rosmarin
- 1 stor timjankvist
- 4 söta cicely fröskidor

INSTRUKTIONER:

a) Gör den första jäsningen och låt burken stå på en varm plats i 24-48 timmar.

b) Sila av kornen och tillsätt alla ingredienser i den snurrbara flaskan med den första jästa vattenkefiren.

c) Förslut den svängbara flaskan och låt den stå på en varm plats i 24 timmar för den andra jäsningen.

d) Öppna långsamt, sila och njut!

INGREDIENSER:

- 1½ dl grapefruktjuice
- 2½ koppar filtrerat eller destillerat vatten
- ⅓ kopp socker
- 7 stora basilikablad, röriga
- ¼ kopp vatten kefir kultur
- 1 tsk citronsyra

INSTRUKTIONER:

a) Häll grapefruktjuicen i en burk och tillsätt den blandade basilikan och sockret.

b) Skaka kraftigt för att lösa upp sockret. Låt stå i 1-2 timmar för att absorbera basilikasmaken.

c) Tillsätt vattenkefirkulturen till flip-top-flaskan med hjälp av en tapptratt.

d) Sila sedan av basilikan från grapefrukten och tillsätt juicen i flip-top-flaskan.

e) Tillsätt slutligen tillräckligt med vatten till flaskan för att nå cirka 2 tum under öppningen.

f) Förslut och låt stå i rumstemperatur i cirka 36-48 timmar, eller tills tydliga tecken på kolsyra uppstår.

g) Lägg sedan över till kylen över natten. Den är nu redo att drickas!

INGREDIENSER:

- 1 kopp kefir
- 1/4 kopp gurka, riven
- 2 msk färsk dill, hackad
- Salta och peppra efter smak

INSTRUKTIONER:

a) I en skål, kombinera kefir, riven gurka, färsk dill, salt och peppar.
b) Rör om väl för att få till smakerna.
c) Servera kyld.

INGREDIENSER:
- 1 kopp kefir
- 2 msk färska basilikablad, hackade
- Skal av 1 citron
- Salt att smaka

INSTRUKTIONER:
a) I en skål, kombinera kefir, färska basilikablad, citronskal och salt.
b) Rör om väl för att ingjuta smakerna.
c) Servera kyld.

INGREDIENSER:

- 1 kopp kefir
- 1 msk färska rosmarinblad, hackade
- 1 vitlöksklyfta, finhackad
- Salta och peppra efter smak

INSTRUKTIONER:

a) I en skål, kombinera kefir, färska rosmarinblad, hackad vitlök, salt och peppar.
b) Rör om väl så att smakerna smälter samman.
c) Servera kyld.

INGREDIENSER:

- 1 kopp kefir
- 2 msk färsk gräslök, hackad
- 1 msk salladslök, hackad
- Salta och peppra efter smak

INSTRUKTIONER:

a) I en skål, kombinera kefir, färsk gräslök, salladslök, salt och peppar.
b) Rör om väl för att fördela örterna jämnt.
c) Servera kyld.

INGREDIENSER:

- 1 kopp kefir
- 2 msk färsk persilja, hackad
- Saft av 1 lime
- Salta och peppra efter smak

INSTRUKTIONER:

a) I en skål, kombinera kefir, färsk persilja, limejuice, salt och peppar.
b) Rör om väl för att ingjuta smakerna.
c) Servera kyld.

INGREDIENSER:

1 kopp kefir
1 msk färska timjanblad
Skal av 1 citron
Salta och peppra efter smak
INSTRUKTIONER:

I en skål, kombinera kefir, färska timjanblad, citronskal, salt och peppar.

Rör om väl för att få till smakerna.

Servera kyld.

INGREDIENSER:

1 kopp kefir
2 msk färska myntablad, hackade
Saft av 1 lime
Salta och peppra efter smak
INSTRUKTIONER:

I en skål, kombinera kefir, färska myntablad, limejuice, salt och peppar.

Rör om väl för att ingjuta smakerna.

Servera kyld.

INGREDIENSER:

1 kopp kefir
2 matskedar färsk koriander, hackad
1/2 jalapeñopeppar, frön borttagna och finhackade
Salta och peppra efter smak
INSTRUKTIONER:

I en skål, kombinera kefir, färsk koriander, malet jalapeñopeppar, salt och peppar.

Rör om väl så att örterna och kryddorna fördelas jämnt.

Servera kyld.

INGREDIENSER:

1 kopp kefir
1 msk färska salviablad, hackade
1 msk färska rosmarinblad, hackade
Salta och peppra efter smak
INSTRUKTIONER:

I en skål, kombinera kefir, färska salviablad, färska rosmarinblad, salt och peppar.

Rör om väl för att få till smakerna.

Servera kyld.

INGREDIENSER:

- 1 kopp kefir
- 1 msk färska dragonblad, hackade
- 1 msk färska basilikablad, hackade
- Salta och peppra efter smak

INSTRUKTIONER:

a) I en skål, kombinera kefir, färska dragonblad, färska basilikablad, salt och peppar.
b) Rör om väl för att ingjuta smakerna.
c) Servera kyld.

NÖTTIG KEFIR

83. Mandelsmör-Banan Kefir

INGREDIENSER:
- 1 kopp kefir
- 2 msk mandelsmör
- 1 mogen banan
- 1 tsk honung (valfritt)

INSTRUKTIONER:
a) I en mixer, kombinera kefir, mandelsmör, banan och honung (om så önskas).
b) Mixa tills det är slätt och krämigt.
c) Häll upp i ett glas och servera kyld.

INGREDIENSER:
- 1 kopp kefir
- 2 msk jordnötssmör
- 1 msk kakaopulver
- 1 tsk honung (valfritt)

INSTRUKTIONER:
a) I en mixer, kombinera kefir, jordnötssmör, kakaopulver och honung (om så önskas).
b) Mixa tills det är väl blandat.
c) Häll upp i ett glas och servera kyld.

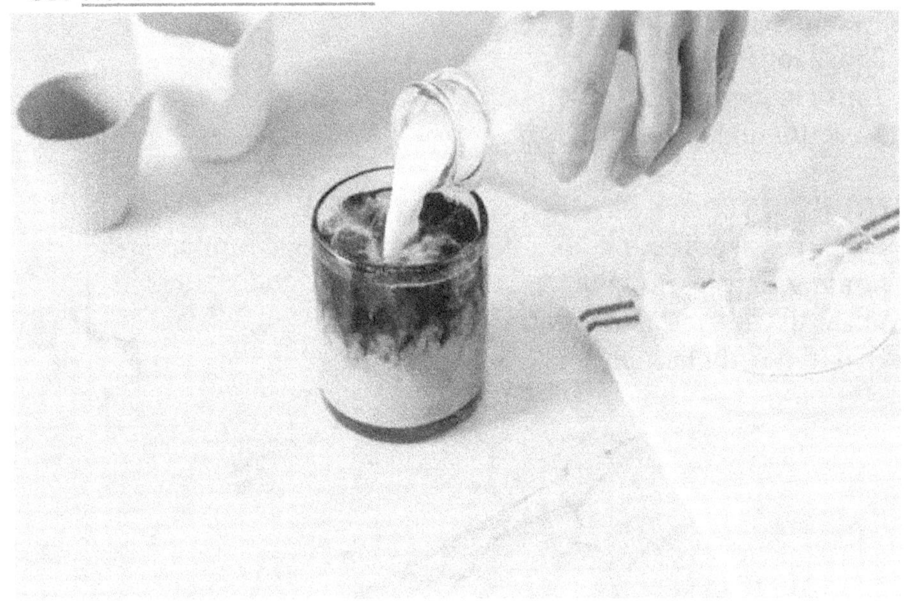

INGREDIENSER:
- 1 kopp kefir
- 1 msk hasselnötspålägg (t.ex. Nutella)
- 1 tsk snabbkaffegranulat
- 1 tsk honung (valfritt)

INSTRUKTIONER:
a) I en mixer, kombinera kefir, hasselnötsspridning, snabbkaffegranulat och honung (om så önskas).
b) Mixa tills det är slätt och krämigt.
c) Häll upp i ett glas och servera kyld.

INGREDIENSER:
- 1 kopp kefir
- 2 msk cashewsmör
- 1/2 tsk valjextrakt
- 1 tsk lönnsirap (valfritt)

INSTRUKTIONER:
a) I en mixer, kombinera kefir, cashewsmör, vaniljextrakt och lönnsirap (om så önskas).
b) Mixa tills det är väl blandat.
c) Häll upp i ett glas och servera kyld.

INGREDIENSER:
- 1 kopp kefir
- 2 msk krossade valnötter
- 1 mogen banan
- 1/4 tsk mald kanel
- 1 tsk honung (valfritt)

INSTRUKTIONER:
a) I en mixer, kombinera kefir, krossade valnötter, banan, mald kanel och honung (om så önskas).
b) Mixa tills det är slätt och krämigt.
c) Häll upp i ett glas och servera kyld.

INGREDIENSER:
- 1 kopp kefir
- 2 msk krossade pistagenötter
- 1/4 tsk mald kardemumma
- 1 tsk honung (valfritt)

INSTRUKTIONER:
a) I en mixer, kombinera kefir, krossade pistagenötter, mald kardemumma och honung (om så önskas).
b) Mixa tills det är väl blandat.
c) Häll upp i ett glas och servera kyld.

INGREDIENSER:
- 1 kopp kefir
- 2 msk riven kokos
- 2 msk mandelmjöl
- 1 tsk honung (valfritt)

INSTRUKTIONER:
a) I en mixer, kombinera kefir, riven kokos, mandelmjöl och honung (om så önskas).
b) Mixa tills det är slätt och krämigt.
c) Häll upp i ett glas och servera kyld.

INGREDIENSER:
- 1 kopp kefir
- 2 msk krossade macadamianötter
- 1/2 kopp blandade bär (t.ex. jordgubbar, blåbär, hallon)
- 1 tsk honung (valfritt)

INSTRUKTIONER:
a) I en mixer, kombinera kefir, krossade macadamianötter, blandade bär och honung (om så önskas).
b) Mixa tills det är väl blandat.
c) Häll upp i ett glas och servera kyld.

INGREDIENSER:
- 1 kopp kefir
- 2 msk krossade pekannötter
- 2 msk pumpapuré
- 1/4 tesked pumpa kryddblandning
- 1 tsk lönnsirap (valfritt)

INSTRUKTIONER:
a) I en mixer, kombinera kefir, krossade pekannötter, pumpapuré, pumpakryddblandning och lönnsirap (om så önskas).
b) Mixa tills det är slätt och krämigt.
c) Häll upp i ett glas och servera kyld.

INGREDIENSER:
- 1 kopp kefir
- 2 msk rostade sesamfrön
- 1 tsk riven ingefära
- 1 tsk honung (valfritt)

INSTRUKTIONER:
a) I en mixer, kombinera kefir, rostade sesamfrön, riven ingefära och honung (om så önskas).
b) Mixa tills det är väl blandat.
c) Häll upp i ett glas och servera kyld.

KEFIR COCKTAIL

INGREDIENSER:

- 1 kopp Apple Ginger vattenkefir
- 1-ounce kryddad rom
- 3 tunna skivor syrligt grönt äpple
- 1 kanelstång
- 3 st. kanderad ingefära

INSTRUKTIONER:

a) Häll rom i ett glas
b) Tillsätt äpple ingefära vatten kefir
c) Lägg till 3 skivor grönt äpple
d) 2 st. kanderad ingefära
e) Rör om med en kanelstång och låt stå i glaset
f) Lägg till kanderad ingefära garnering på kanten av glaset

INGREDIENSER:

- 1-ounce kokosnötstequila
- ⅛ tesked spirulinapulver
- Kokosvatten kefir
- Strimlad kokosnöt

INSTRUKTIONER:

a) I ett cocktailglas, lös ⅛ tesked spirulinapulver med kokosnötstequila.

b) Tillsätt isbitar och toppa med vattenkefir efter din smak.

c) Rör om försiktigt och strö över kokosspån.

d) Servera omedelbart.

INGREDIENSER:

- Vit choklad
- Pepparmynta vatten Kefir
- 1-ounce vaniljvodka
- 1 krossad godisrör till garnering

INSTRUKTIONER:

a) Lägg krossade godisrör på en liten tallrik.

b) Blöt den yttre kanten av ett kylt martiniglas med vatten.

c) Håll glaset i skaftet, rotera kanten för att belägga det med godis.

d) Tillsätt vit choklad pepparmintvattenkefir och vodka i glaset.

INGREDIENSER:

- 2 uns gin
- ½ oz färsk Meyer citron eller vanlig citronsaft
- 2 matskedar vanlig osötad kokosnötskefir
- 1 msk superfint socker
- 4 droppar apelsinblomvatten
- 3 oz kylt kolsyrat naturligt källvatten
- Isbitar
- Tunt skivade citroner och apelsinskal, garnera

INSTRUKTIONER:

a) Häll gin, citronsaft, kefir, socker och apelsinblomvatten i en stor cocktailshaker med några isbitar.

b) Skaka kraftigt i 20 sekunder tills du får lite brus från kefiren och allt är väl kylt och sockret är helt upplöst.

c) Ta försiktigt av locket.

d) Sila upp i ett glas med färsk is och toppa med kylt kolsyrat naturligt källvatten.

e) Garnera och servera.

INGREDIENSER:

- ½ pressad lime och extra skiva till garnering
- 1 tsk ekologiskt rörsocker
- 1 shot Kefir
- 10-20 färska myntablad
- Mousserande vatten eller sodavatten för att fylla på
- Isbitar

INSTRUKTIONER:

a) Tvätta och förbered din mynta och låt den torka lite. Blanda färska myntablad, limejuice och socker i ett glas.

b) Blanda blandningen tills sockret är mestadels löst.

c) Tillsätt isbitar i glaset och en shot eller två av Original Kefir. Rör om det.

d) Fyll på med kylt sodavatten och lägg till en garnering som kan vara en limeskiva eller färska myntablad ovanpå.

INGREDIENSER:

- 1 oz körsbärskefir
- 1½ uns vit rom
- 1½ uns syrlig körsbärsjuice
- 0½ uns citruslikör
- 7 droppar Rabarberbitter

INSTRUKTIONER:

a) Tillsätt alla ingredienser i en cocktailshaker med is och skaka tills den är kall.

b) Sila upp i ett kylt coupéglas och garnera med körsbärsblommor.

INGREDIENSER:

- 1 ¼ uns lagrad rom
- ½ uns bourbon
- ¼ uns sherry
- ¼ uns bananlikör
- ¾ uns yuzu juice
- ¾ uns ubesirap
- 1 ½ uns kefir

INSTRUKTIONER:

a) Blanda de första fem ingredienserna i en behållare.

b) Värm kefiren på spishällen eller i mikron.

c) Låt det koka upp, men koka inte. Sjudande gör att kefiren stelnar, vilket är bra.

d) Tillsätt den varma kefiren i behållaren med cocktailen och låt stå i minst 30 minuter.

e) Sila cocktailen genom ett kaffefilter; den filtrerade cocktailen ska vara klar, med en gulaktig nyans.

f) För en klarare dryck, filtrera den igen genom ostmassan med samma filter.

g) Tillsätt ubesirap och rör om så att det blandas.

h) För att servera, häll cocktailen i ett stenglas, över en stor isbit och rör om för att kyla.

INGREDIENSER:
- Kvist färsk basilika
- 2–6 skivor färsk jalapeno
- 2 oz ananasjuice
- 2 oz ingefära vattenkefir
- 1½ uns irländsk whisky
- Martini shaker
- Is

INSTRUKTIONER:
a) Kombinera ananasjuice, ingefära vattenkefir och valfri whisky i en shaker med is och rulla eller skaka försiktigt för att kombinera.
b) Lägg några kuber i ett glas lägg i jalapenos och basilika och häll i glaset.
c) Servera och njut!!

SLUTSATS

Kefir är ett uppfriskande och läckert sätt att få mer bra probiotika, de nyttiga bakterierna vi behöver för att bygga en hälsosam inre kroppsmiljö. De vänliga bakterierna i odlade drycker skapar ett hälsosamt matsmältningssystem och kolon, vilket hjälper oss att bryta ner och smälta vår mat och absorbera mer näringsämnen. De hjälper också till att ta bort gifter från våra kroppar och avgiftar oss inifrån och ut. Kefir har antitumöregenskaper, är antiinflammatoriskt och stärker immunförsvaret. Kefir är känt för att sänka kolesterolnivåerna; hjälp med hjärt- och artärsjukdomar; reglera blodtrycket; stöd i matsmältningen; och läka levern, njurarna, mjälten, bukspottkörteln, gallblåsan och magsår.